AF398147

EDMOND DE LISSINGEN

Napoléon Bonaparte

au

Pays de Liége

1803 — 1811

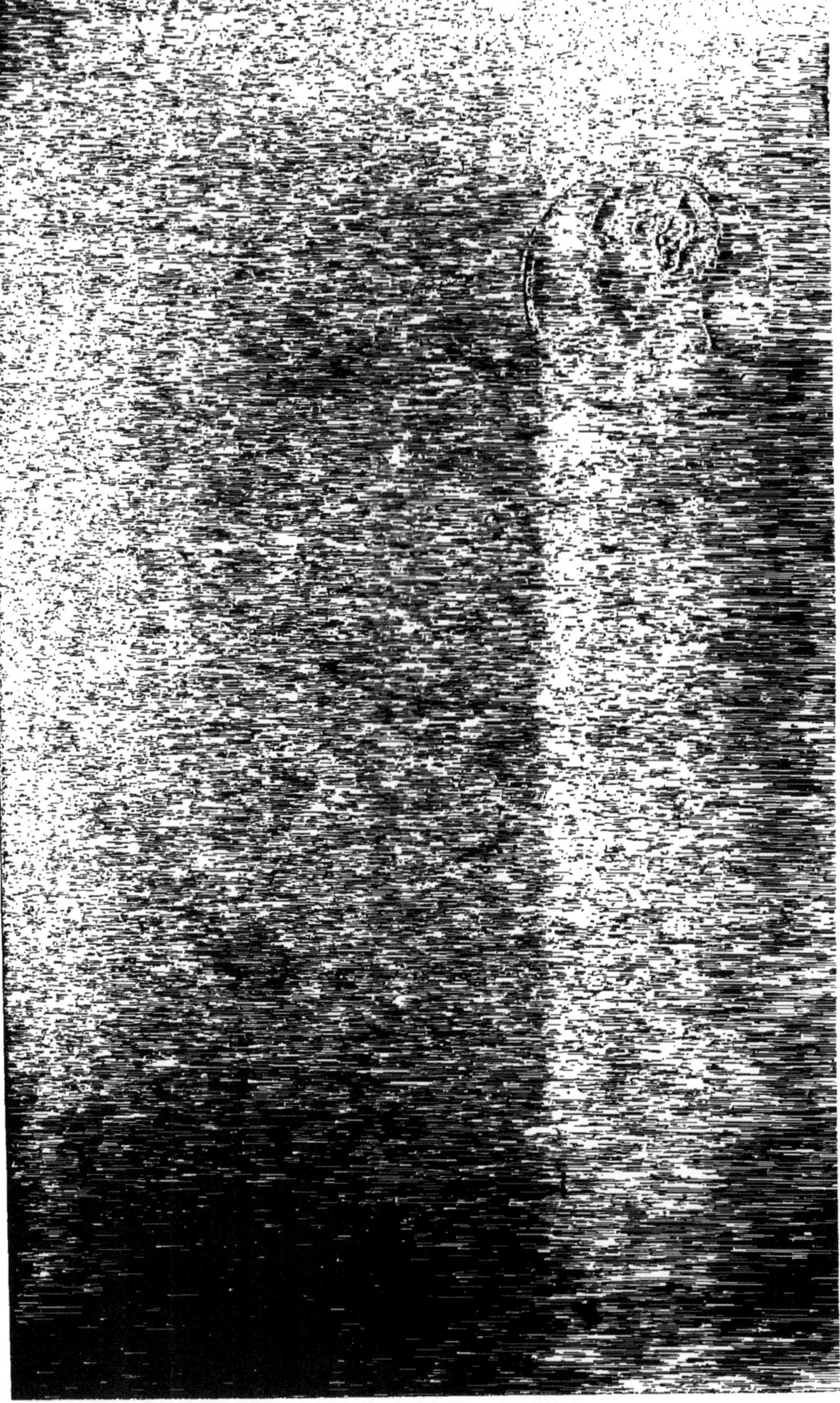

PASSAGES

DE

NAPOLÉON BONAPARTE

AU PAYS DE LIÉGE

Il a été tiré de cet ouvrage 10 exemplaires
sur papier de Hollande numérotés 1 à 10.

Napoléon Bonaparte, Premier Consul.

EDMOND DE LISSINGEN

PASSAGES

DE

NAPOLÉON BONAPARTE

AU PAYS DE LIÉGE

1803 — 1811

LIÉGE

AUG. BÉNARD | **CH. GOTHIER**

IMPRIMEUR-ÉDITEUR | LIBRAIRE-ÉDITEUR

1905

PRÉFACE

PRÉFACE

En rassemblant ces notes, nous n'avons eu l'intention que de résumer, en un récit rapide et homogène, quelques documents intéressant nos annales liégeoises. Le « critique » y chercherait vainement des sources nouvelles, moins encore des faits nouveaux.

Prendre Napoléon Ier à sa traversée du pays de Liége, le montrer dans son aspect le plus humain, mais aussi héroïque, glaner les souvenirs laissés par ce passage, les vestiges rattachés à son nom, surprendre les impressions de l'époque, telle a été notre modeste ambition.

Il ne nous a malheureusement pas été possible de la réaliser comme nous l'eussions désiré. Le côté intime du grand conquérant est, en effet, le plus négligé de ses contemporains. C'est une consigne de se taire, de fuir toute publicité compromettante : « Scripta manent » et le règne du reportage était inconnu ! Dans les feuilles et écrits de l'époque, pas un mot d'abandon ! Le genre anecdotique est proscrit, totalement étranger au style concis quoiqu'emphatique des écrivains du temps. La presse, un moment libre, fut vite muselée et c'est la censure qui dirige tout.

Un détail symptomatique donnera une idée de ce qu'était la presse d'alors et du peu de curiosité qu'elle montrait pour le « fait divers ». Après Waterloo, la calèche dont Napoléon Ier se servait sur le champ même de la bataille, et construite pour répondre au but qu'il se proposait, tomba au pouvoir des alliés (1). C'était un vaste carrosse, avec des longues-vues divérses, une table pivotante pour la lecture des cartes, un seul siège, des ressorts spéciaux et le tout de dimensions peu ordinaires. Elle contenait en outre des proclamations de l'Empereur et son nécessaire de voyage. La berline impériale arriva à Liége le 23 juin 1815. Ce fut un événement local. Elle fut exposée plusieurs semaines dans la Cour des Mineurs. Le public fut admis à la voir moyennant l'entrée de 50 centimes. Inutile d'ajouter que ce véhicule provoqua une ardente curiosité, déchaîna un vrai emballement, dirait-on aujourd'hui.

Croirait-on que la presse n'en souffla mot : dans le « Journal de Liége » de l'époque (Gazette Desoer), pas une ligne en faisant mention ! !

Ce détail nous a paru typique. Il est vrai qu'il fallut la reculée de trois mois pour apprécier l'importance historique de Waterloo et les contemporains ne jugeaient pas encore alors l'Aigle mortellement blessé. Cette digression montrera au lecteur pourquoi notre récit est forcément peu anecdotique. Le côté intime des personnages et des choses est la conséquence de l' « interwiew »: cette belle invention moderne ! ! n'eut pu être goûtée de Napoléon.

---

(1) Elle fut capturée par un détachement du 15e régiment de Silésie commandé par le lieutenant de Lindenhof. — (Voyez GOBERT, *Rues de Liége*, tome II, page 407).

Qu'il nous soit permis, avant de clore cet avant-propos, de témoigner toute notre reconnaissance à M. Stanislas Bormans, administrateur de l'Université de Liége, ainsi qu'à M. Gobert, archiviste provincial, pour les conseils et renseignements qu'ils ont bien voulu nous communiquer. Sans le savant et méticuleux ouvrage « les Rues de Liége », de M. Gobert, notre tâche eut été impossible et nous nous empressons de lui en donner ici la franche et entière assurance.

Notre gratitude ira de même à M. Thuillier, directeur du « Journal de Liége », pour sa complaisance à nous communiquer la collection des numéros de la « Gazette Desoer » de cette époque.

Nous remercierons enfin M. Alphonse Wigny, grâce auquel nous pouvons offrir à nos lecteurs la reproduction en première page de la si intéressante gravure du maître liégeois Jehotte. Cette gravure (devenue fort rare) fut commandée à l'artiste en souvenir de la munificence de Napoléon à l'égard des incendiés du quartier d'Amercœur et d'après les mémoires du temps, passe pour avoir rapporté 8,000 francs à son auteur.

Liége, Janvier 1905.

CHAPITRE PREMIER

Premier Passage de Napoléon Bonaparte

(1803)

NAPOLÉON BONAPARTE

AU PAYS DE LIÉGE

CHAPITRE PREMIER

Premier Passage de Napoléon Bonaparte

(1803)

Liége fut honorée à deux reprises du passage de Napoléon. La première fois, en Août 1803, Napoléon Bonaparte, encore premier consul et tout à l'étude du projet d'une descente en Angleterre, visita notre pays en détail. Il fit un voyage de reconnaissance au travers les départements de la Somme, Pas-de-Calais, Nord, la Lys, l'Escaut, l'Ourt, la Roer, etc. (1).

---

(1) Une gravure du temps le représente, à l'occasion de ce voyage, vêtu du costume de premier consul. Son visage maigre, émacié, aux cheveux embroussaillés et en désordre, ne laisse guère prévoir la noblesse de lignes et le masque « antique » que ses traits prendront quelques années plus tard.

Nous devons la communication de cette gravure à l'extrême obligeance de M. Wigny, de notre ville.

Le second passage a lieu en Novembre 1811.

C'est le premier qui semble avoir laissé le plus de souvenirs dans le peuple et déchaîné le plus d'enthousiasme.

Napoléon était alors profondément populaire, et il le méritait. Les foules voyaient en lui comme un messager de la Providence, destiné à rétablir l'ordre et la paix, et, avec cette dernière, la prospérité. Depuis dix ans, peut-on dire, l'anarchie régnait ; les pouvoirs publics étaient discrédités ; la police, cruelle ou lâche, toujours vindicative et incapable, n'assurait point l'ordre et la sécurité. L'exercice du culte n'était plus libre. Les principales familles avaient émigré. Sous le masque des trois devises hypocrites : Liberté, Egalité, Fraternité ou la Mort, les pires excès s'étaient commis. D'autre part, l'abolition de la main-morte, la suppression des corporations religieuses avaient eu la funeste conséquence de provoquer la famine en jetant sur le pavé des milliers d'habitants (1) secourus par les couvents et qui, jusqu'alors, satisfaits de leur condition de parasites, avaient négligé d'apprendre un métier. Des bandes de brigands terrorisaient les campagnes ; le commerce languissait ; les routes n'existaient presque plus, tant elles avaient été négligées. On comprend que la venue au pouvoir d'un homme de génie comme Bonaparte fut saluée par un enthousiasme général.

---

(1) Au 1er janvier 1790, la population de Liége était de 50,260 habitants ; la banlieue donnait 37,877.

Le 1er janvier 1803, la ville comptait 45,496 habitants.

Cette différence en moins provenait, d'après Thomassin, de l'émigration des principales familles après 1790 et de l'anarchie révolutionnaire.

Liége comptait, avant la Révolution, près de cent couvents et béguinages, et justifiait le dicton populaire : Enfer des femmes, Paradis des prêtres. Huy comptait alors vingt-deux couvents.

« On cherchait, d'après Thomassin (*Mémoires statistiques du département de* » *l'Ourthe*), ce qui avait pu faire naître et entretenir le honteux penchant du peuple » pour la fainéantise. On en trouvait le germe dans le gouvernement ecclésiastique » et l'aliment dans les aumônes aveugles du clergé qui, peut-être par calcul, aimait » à répandre des dons qui retenaient dans l'avilissement et sous sa dépendance une » légion d'individus dévoués qu'il pouvait mouvoir à sa guise. »

C'était, avec lui, le retour aux principes d'autorité, l'administration restaurée, le culte rétabli, la police reconstituée, la propriété assurée et la garantie morale de la liberté individuelle promise à tous les citoyens. Napoléon était populaire, et les honnêtes gens, reconnaissant en lui leur sauveur, n'eurent pas assez de démonstrations pour le lui prouver. Sa venue à Liége fut l'éclosion de fêtes et d'illuminations comme on n'en avait plus vu depuis longtemps, et ce fut une explosion de poésie lyrique. L'évêque de Liége, Mgr Zaepffel (1), semble avoir été l'un des plus enthousiastes, et voici en quels termes il haranguait le héros de tant de victoires, en lui présentant son clergé à Maestricht :

« CITOYEN PREMIER CONSUL,

» Ministre des autels dont vous êtes le restaurateur, » je viens vous offrir l'hommage le plus digne de vous » et de mon ministère, les vœux que nous adressons » incessamment au Ciel pour votre précieuse conservation.

» Héros pacificateur, magistrat incomparable, modèle » des vertus domestiques, Bonaparte, toujours lui-même, » s'est placé dès longtemps au premier rang de ces hommes » privilégiés que Dieu n'accorde aux prières des peuples » qu'à de longs intervalles : mais ce qui met le comble » à sa gloire, ce qui l'élève au dessus de tant d'hommes » d'Etat, c'est l'intérêt qu'il a voué au rétablissement de » la religion.

---

(1) A propos de Mgr Zaepffel, on prête un calembour assez mauvais à Napoléon. Zapfen signifie, en allemand, bouchon, spécialement le bouchon d'un tonneau. En signant sa nomination, Bonaparte s'aperçut qu'il allait exercer son ministère à Liége :
— Allons, tant mieux s'écria-t-il, il y sera populaire, puisqu'il est en liège !
(Actes administratifs du département de l'Ourthe, an XI.)

» Général Premier Consul, l'auteur de ce bienfait
» céleste vous protégera : « il a commandé à ses anges de
» vous garder dans toutes vos voies ; vous marcherez
» sur l'aspic et le basilic ; vous foulerez aux pieds le
» léopard ; » vous atteindrez le but d'une ambition
» magnanime. Chaque jour de la vie de Bonaparte ajoutera
» à la prospérité de la France.

» MADAME !

» Combien de titres vous avez à la reconnaissance
» des Français ! Que votre modestie ne s'alarme pas ;
» je m'arrête à celui qui vous est le plus cher : vous
» embellissez la vie de Bonaparte. Jouissez longtemps de
» cette heureuse destinée : accordez quelqu'intérêt à nos
» hommages et nos vœux pour vous seront accomplis.

» Le sentiment de l'affection d'un grand peuple, les
» plaisirs si purs de la bienfaisance, la gloire et le bonheur
» de votre auguste époux... Mon cœur ne me trompe point,
» Madame, ces biens sont la félicité de la digne compagne
» d'un héros. »

Napoléon arriva à Liége le lundi 1er août 1803, à 7 heures
du matin. Il était accompagné de sa femme Joséphine, « la
Belle de Beauharnais », comme disent les mémoires du temps.

Il venait de Maestricht, qu'il avait quitté à 6 heures du
matin. Le public, accouru de bien loin, l'attendait pour le
dimanche après-midi. Sa venue avait été annoncée par des
écrits officiels.

Des articulets parus dans la *Gazette de Liége* (journal Desoer) avaient informé le public de ce grand événement (1).

A 7 heures du matin, il était aux limites du département, c'est-à-dire à Herstal.

Une garde d'honneur, sous le commandement du vieux commandant Chestret, s'était portée à sa rencontre vers Visé et avait accompagné Bonaparte par Hermalle, Vivegnis et Herstal, jusqu'au quai de Coronmeuse, en galopant tout le temps derrière lui.

Au quai de Coronmeuse, des arcs de triomphe avaient été dressés ; une immense estrade contenait les délégations des corps constitués dans l'ordre des places assignées à chacun.

Vers l'Occident, une banderole garnissait l'arc de triomphe avec cette inscription :

La Victoire en tout lieu couronna ses exploits :
C'est sous son Consulat que la France eut des lois.

Vers Liége, une autre inscription disait :

Son courage fixa les destins de la France ;
Sa sagesse y ramène et l'ordre et l'abondance.

A peine arrivé et sans qu'on lui donne et le temps de se rafraîchir et celui de s'épousseter, Napoléon Bonaparte reçoit les clefs de la Ville, subit les discours du Maire, du Préfet, du Général de division, du Commandant de la garde

---

(1) La lenteur des informations, autrefois, était remarquable, et l'on a grand peine aujourd'hui à s'en faire une idée. En voici un exemple : Les mesures de police prises par le maire à l'occasion de l'arrivée de Bonaparte, l'annonce de cette arrivée, paraissent dans la *Gazette de Liége* le jour même do cette arrivée, c'est-à-dire alors que Bonaparte est dans nos murs depuis plusieurs heures. Ce n'est que le mercredi suivant que la *Gazette de Liége* donne la relation du passage de Napoléon ! La presse a fait quelque progrès depuis lors !

d'honneur, du Président du tribunal, etc., etc., puis s'avance par le boulevard Saint-Léonard au milieu d'une foule en délire et s'installe au Palais de la Préfecture, à présent Musée d'armes, quai de Maestricht (1).

On a peine à se figurer aujourd'hui les scènes d'explosion d'enthousiasme populaire qui accueillirent Bonaparte pendant cette traversée. Les Césars de la Rome antique n'en virent point de semblables, car leur mérite réside dans la sincérité et spontanéité.

Quand on pense à l'affluence extraordinaire de personnes venues des environs pour jouir du spectacle annoncé, et accourues en tel nombre que, aux dires des contemporains, la ville compta, pendant ces quelques jours, plus de trois fois sa population ordinaire; quand on se figure que la plupart des personnes étaient venues pour voir Napoléon le jour annoncé, c'est-à-dire la veille, et avaient passé la nuit à l'attendre, ne voulant pas avoir pris la peine du dérangement sans en être récompensées ; quand on pense à cette déconvenue qui n'avait fait, au fond, qu'attiser, exacerber l'enthousiasme, on ne s'étonnera point de la sincérité des manifestations d'enthousiasme qui accueillit la venue du héros moderne : on s'en étonnera d'autant moins que sa figure, son affabilité, l'enjouement de toute sa personne, sa grâce, peut-on dire, rehaussée par la séduction qu'opérait la beauté de sa femme, gagnèrent immédiatement les cœurs et, mieux que les paroles, les firent déborder.

L'on vit des milliers de personnes stationner pendant la nuit devant la Préfecture, l'on vit des gens embrasser les bottes

---

(1) Nous reproduisons en annexe le récit qui nous a paru le mieux fait et le mieux écrit des comptes rendus contemporains. C'est celui paru dans la publication officielle intitulée : *Les Actes administratifs du département de l'Ourthe*. Il nous a paru intéressant de reproduire également le texte des principales allocutions.

du Grand Général et, chose plus incroyable encore, des gens traverser la Meuse à la nage pour atterrir sur l'autre rive, afin d'être aux premières loges avant que Napoléon n'eût traversé le pont.

Pour qui connaît le Liégeois et son caractère frondeur, goguenard et railleur, il nous semble que les Liégeois d'alors étaient bien différents de ceux d'aujourd'hui, ou sont-ce leurs fils qui sont si changés ! Quoi qu'il en soit, pareils faits et gestes ne seraient plus possibles actuellement, à moins de bouleversements nouveaux.

Mais reprenons notre récit.

Napoléon Bonaparte et Joséphine logèrent donc à la Préfecture avec leur suite immédiate qui se composait ainsi :

Le général Deroc ;

Le général de service ;

L'aide-de-camp de service ;

M. et Mme Rémusat ;

Mme Talouet ;

Le secrétaire de Bonaparte.

Le général Soult logeait chez Mme Spirlet (1), rue Hors-Château, aujourd'hui distillerie de M. D. Sklins.

Le général d'Aoust, au Mont Saint-Martin, etc., etc.

Le reste de la suite, très nombreuse, fut disséminée parmi les habitants.

A peine arrivé et installé, Bonaparte recevait les députations des corps constitués, les commerçants et industriels, les notables de la ville, puis, le temps de prendre une collation et il montait à la citadelle, visitait le champ de bataille de

____

(1) Nous respectons l'orthographe du temps.

Raucoux (1) et, cette fois incognito, se mêlait au peuple pour prendre contact avec lui. Ici se passe un fait dont le souvenir existe encore dans la mémoire des vieux Liégeois qui ont dû en tenir le récit des témoins oculaires.

Voulant se soustraire à la foule qui l'entourait sur les hauteurs, Napoléon fit prendre le trot à son cheval et, suivi de ses aides-de-camp, descendit à fond de train (avec la vélocité de l'éclair, disent les écrits de l'époque) le chemin raide et abrupt où l'on avait peine à marcher à pied, aboutissant à la place « Sur la Fontaine », autrement dit le Thier de la Fontaine actuel. Ce dernier ne fut pavé et converti en escalier qu'en 1865.

Arrivé « Sur la Fontaine », il continua sa tournée par le couvent des Prémontrés, transformé en magasin d'artillerie (aujourd'hui le Séminaire) ; puis, escorté d'un peuple immense l'acclamant et ne cessant de le fêter, il rentra au Palais de la Préfecture.

Infatigable et inlassable, Napoléon trouva encore ce jour-là le temps d'escalader le Mont Saint-Martin et entra à l'improviste dans l'hôtel Van de Steen de Jehay, aujourd'hui habité par les familles Fraipont, Henry et Raikem (n°s 33 à 39).

Huit généraux et officiers supérieurs avec seize ordonnances et vingt-deux chevaux s'y étaient logés et un concert y avait été improvisé pour le soir. D'un pas rapide, Bonaparte traversa le porche, enjamba bancs et banquettes et s'en fut à la terrasse. Il portait le costume vert de colonel des chasseurs, une culotte de peau blanche, des bottes molles qu'il battait continuellement d'une petite cravache ; il avait les cheveux longs, plats, mal soignés ; le petit chapeau légendaire ; sa figure était pâle, décharnée et jaune de teint ; ses yeux brillaient comme du feu et ses gestes étaient vifs, saccadés, emportés.

---

(1) Raucoux ou Rocour ; on trouve les deux orthographes.

Le général Loyson interpella les gens de service de l'hôtel et demanda brusquement ce que signifiait ce tohu-bohu de sièges et de banquettes. On lui répondit que c'étaient les préparatifs d'un concert donné par les généraux à la société liégeoise. Napoléon se mit à rire et, se tournant promptement vers le général Loyson, il reprit : « Ah ! ces messieurs s'en donnent ! A les en croire, ils sont esquintés de fatigue et, le soir, ils se mettent en musique ! Vous êtes de connivence avec eux, général, c'est votre musique. Soit, qu'ils s'amusent aujourd'hui ! » Puis, avisant le panorama de la ville, objet de sa visite, il se mit à le considérer, et, désignant l'église Saint-Jean, à ses pieds :

— Quel est ce monument ? dit-il.

— Général premier consul, c'est la ci-devant Collégiale de Saint-Jean l'Évangéliste. On prétend que son architecture rappelle le Dôme d'Aix-la-Chapelle.

— Oui, comme un chameau bossu. Et là plus loin, qu'est-ce ce monument ?

— C'est le Dôme des ci-devant Dominicains.

— Il ressemble au Val-de-Grâce de Paris. Et derrière ?

— C'est l'ancienne Collégiale de Saint-Paul.

— Elle mérite un clocher. Et plus loin ?

— L'ancienne Collégiale de Saint-Jacques.

— De même un clocher lui fait défaut.

Puis il s'avança à l'extrémité de la terrasse et découvrit les deux tours en ruine de l'ancienne basilique de Saint-Lambert. Il haussa les épaules et dit : « Destruction vraiment stupide. » Il fixa ensuite son attention sur la situation de la Chartreuse et dit : « Bonne position stratégique. » Puis, regardant l'ancienne abbaye de Saint-Laurent, il dit au Préfet : « Que, sans retard, votre Vivroux (l'architecte) m'en fasse un plan d'appropriation pour un hôtel épiscopal, un séminaire et l'agrandissement de Saint-Martin comme cathédrale, le tout sans exagération. » Il tourna ensuite le dos aux assistants et gagna les salons. Il demanda ensuite qui avait décoré les salons.

— Général premier consul, ce sont Duckers et Servandoni, qui ont aussi décoré la salle de théâtre.

— Bon style, genre riche, imitation des salons de Gênes.

Il traversa ensuite rapidement tous les appartements de l'hôtel et, devant le vestibule, il fut frappé par les proportions grandioses de l'escalier. « Belle cage d'escalier, s'écria-t-il, conception hardie et artistique, noyau de fond qui porte depuis le rez-de-chaussée jusqu'au dernier étage. » Puis il salua l'assistance et, après ces quelques minutes, sauta dans sa voiture.

Le soir, Bonaparte invita à dîner la plupart des notabilités de la ville et assista au feu d'artifice tiré en son honneur. Un grand « concert instrumental et vocal » se donnait en même temps à la salle de l'Emulation. Pendant les illuminations et feux d'artifice, un bateau pavoisé, éclairé et monté d'un orchestre, navigua devant la Préfecture et fit entendre les plus beaux morceaux de son répertoire. N'oublions pas les décorations et transparents se trouvant aux façades de bien des maisons particulières. C'est ainsi que chez le citoyen Dewandre, maire adjoint, on lisait sur un transparent :

France, tu béniras à jamais sa mémoire :
Il accroît ton bonheur, ta puissance et ta gloire.

Chez le citoyen Dandrimont, président au tribunal d'appel, on lisait :

Nestoreos vival annos.

Le lendemain, Napoléon Bonaparte consacra sa matinée au travail ; il eut de nombreuses conférences avec les principaux fonctionnaires et notables de la ville, qu'il stupéfia par la variété, l'étendue et la profondeur de ses connaissances. Après ces quelques heures consacrées à l'étude de l'administration, il sortit à nouveau, traversa le pont des Arches (dénommé alors Pont de la Victoire) (1) et pénétra subitement dans la caserne des Ecoliers ; il fit sonner le rappel pour procéder à l'inspection des troupes. Se plaçant à leur tête, il fit sortir les soldats et donna ensuite aux Liégeois le spectacle d'une revue improvisée. Cette revue eut lieu sur la rive droite de la Meuse, face à la Préfecture : des fenêtres de cette dernière, les spectateurs pouvaient en suivre les mouvements, ce qui fit dire aux contemporains qu'il avait commandé la revue pour sa femme.

Il visita ensuite le quartier d'Amercœur. Le faubourg d'Amercœur était alors dans un triste état. Incendié, presque détruit par les Autrichiens lors de leur retraite devant les Français en 1794, il était resté bouleversé, saccagé, témoin de l'époque d'anarchie et d'infortune que Liége venait de traverser.

Napoléon Ier fut ému à ce spectacle. Il accueillit avec bonté la supplique que les habitants lui remirent et, le soir

---

(1) Le Pont de la Victoire avait été brillamment décoré. On en avait fait un dôme de verdure et de guirlandes. Quatre grands écussons ornaient les extrémités.

Le premier écusson portait :

> *Il sait également, guerrier ou magistrat,*
> *Commander une armée ou régir un Etat.*

Le deuxième écusson portait :

> *Bienfaisant dans la paix ou terrible dans la guerre,*
> *Bonaparte console ou fait trembler la terre.*

Le troisième :

> *Son bras victorieux relève les autels ;*
> *Il respecte les Dieux et chérit les mortels.*

Le quatrième :

> *Il protége les arts, honore le talent ;*
> *Le grand peuple, par lui, devient encor plus grand.*

même, il signait un décret qui parut dans la *Gazette de Liége* et où il accordait, pour la reconstruction du quartier, 300,000 francs : un tiers sur le Trésor public, un tiers sur les octrois de la Ville et un tiers à prendre sur la valeur du trésor de Saint-Lambert, alors en voyage et en dépôt à Hambourg.

Bonaparte termina sa journée en assistant au bal qui eut lieu à l'hôtel de ville en son honneur. Le lendemain matin, à 4 heures (*sic !*) il partait pour Huy où il s'arrêtait quelques instants.

ANNEXES AU CHAPITRE PREMIER

ANNEXES AU CHAPITRE PREMIER

Texte de la Pétition des Incendiés d'Amercœur au Premier Consul.

Citoyen Premier Consul,

Les infortunés habitants d'Amercœur attendaient avec la plus vive impatience l'arrivée du héros qui força leurs barbares oppresseurs à fléchir le front devant le génie de la République.

Ils se sont dit : Bonaparte près des ruines d'Amercœur est le gage de la réparation qui nous est due et qui ne peut plus s'ajourner. Oui, Bonaparte acquittera cette dette sacrée de la patrie. Citoyen Premier Consul, les désastres d'Amercœur sont connus. Le dévouement de ce quartier à la cause sainte de la liberté en fut seul l'honorable source. Le massacre d'une foule de citoyens recommandables, le sac de leurs habitations, la désolation, la dispersion de leurs familles, la ruine absolue de tous furent les fruits de la vengeance froide et calculée de la coalition des despotes. Car ce ne sont point ici les suites des ravages souvent inévitables de la guerre ; ce n'est point le hasard de la position que la nécessité de l'attaque ou

de la défense empêche d'épargner ; non, c'est l'ouvrage gratuit de la haine et de la fureur. C'est la torche à la main qu'ils ont voué ce malheureux faubourg aux flammes !

Chassés ignominieusement d'une cité républicaine par les héros de la patrie, ils ont voulu laisser à ses portes un monument affreux de leur passage et, convaincus du patriotisme pur de leurs victimes, ils se sont acharnés sur elles.

Neuf ans se sont écoulés : à cette même époque, dans la première décade de thermidor, an II, Amercœur fut immolé à leur rage. Depuis ces jours de carnage et de sang, aucun appareil sur nos blessures mortelles. Nos justes et nombreuses réclamations, les représentations des autorités locales ont été sans effet. Ce fut, nous aimons de le croire, la faute des circonstances. Mais en présence de Bonaparte, il n'est plus d'obstacles. Il verra, il parlera, la justice, l'humanité, la gloire nationale le commandent ; elles en répondent.

Nous n'entrerons ici dans aucun détail sur la situation désespérante où se sont trouvés, pendant un si long intervalle, des citoyens purs, inébranlables, fiers de souffrir pour cette cause et dont les souffrances cruelles ont augmenté l'énergie.

Consul, arrête un moment ton attention sur eux ; jette un regard sur le tableau que présentent leurs ruines, et que l'on dise : il vint, il vit leurs maux, ce moment les finit.

(Signatures.)

TRIBUT DE RECONNAISSANCE

ADRESSÉ AU PREMIER CONSUL ET AU GÉNÉRAL LOYSON

PAR UN INCENDIÉ D'OUTRE-MEUSE.

O mes concitoyens, que ne devons-nous pas au Héros Consul d'avoir visité les ruines d'Amercœur ! Quel tribut d'amour et de reconnaissance pourra le payer d'avoir versé un baume consolateur dans les plaies que nous avait faites la tyrannie. Nous ne pouvons qu'implorer l'Etre Suprême pour la conservation de ses jours précieux ; il vivra dans les cœurs de nos derniers neveux.

Et vous, brave général Loyson, aussi humain dans la paix que sage et vaillant dans les combats, vous qui, après avoir fait un tableau touchant de nos malheurs au Héros, de qui nous chérissons les lois, vous qui le conduisites encore parmi nous, recevez l'hommage de notre amour et de notre reconnaissance : ce bienfait restera éternellement gravé dans nos cœurs !

ACTES DU GOUVERNEMENT

SÉJOUR DU PREMIER CONSUL A LIÉGE
MONUMENT DE SA BIENFAISANCE

(Extrait des registres des délibérations du Gouvernement de la République.)

Liége, le 14 thermidor an XI.

LE GOUVERNEMENT DE LA RÉPUBLIQUE,

Sur le rapport du Ministre de l'Intérieur,

ARRÊTE :

ARTICLE PREMIER. — Il sera mis, à la disposition du Préfet du Département de l'Ourte, une somme de trois cent mille francs pour réparer les maisons du Faubourg d'Amercœur de la ville de Liége brûlées en l'an II par les Autrichiens au moment de leur retraite.

ART. 2. – Ces 300,000 francs seront fournis comme suit :

1° 100,000 francs par le Trésor public dans le mois de fructidor ;

2° 100,000 francs sur la valeur du Trésor appartenant à l'église Saint-Lambert, qui se trouve à Hambourg, et qui seront versés dans la caisse municipale de la Ville de Liége avant le 1er germinal an XII ;

3° 100,000 francs qui seront payés sur les octrois de Liége en deux années.

Art. 3. — Dans la semaine de publication du présent arrêté, il sera dressé un état de toutes les maisons brûlées à la dite époque, ainsi que des individus auxquels elles appartenaient et la valeur de chaque maison.

Art. 4. — La somme de 300,000 francs sera répartie proportionnellement entre les individus, en ayant soin de payer d'abord en entier tous ceux de la maison desquels la valeur ne s'élèvera pas à 2,000 francs, et les autres au marc le franc.

Art. 5. — Les individus qui auraient aliéné, avec leurs droits, le terrain de leurs maisons brûlées, auront droit à la réparation.

Art. 6. — Les dites sommes seront payées sur un état général arrêté par le Conseil de préfecture et sur le mandat du Préfet, qui ne distribuera les à-comptes qu'après s'être assuré que les constructions sont commencées, et n'accordera de nouvelles sommes qu'après leur achèvement.

Art. 7. — Les maisons reconstruites seront exemptes pendant dix années de toute imposition foncière à dater de l'an XI. Ne jouiront pas de cette exemption, celles dont la valeur aura été payée en entier au propriétaire.

Art. 8. — Les Ministres de l'Intérieur et du Trésor public sont chargés, chacun en ce qui les concerne, de l'exécution du présent arrêté qui sera inséré au *Bulletin des Lois.*

(Signatures, etc.)

CHAPITRE II

Second Passage de Napoléon Ier a Liége

(NOVEMBRE 1811)

CHAPITRE II

SECOND PASSAGE DE NAPOLÉON Ier A LIÉGE

EN NOVEMBRE 1811

ET SES DEUX TRAVERSÉES DE LA VILLE DE HUY

L A seconde venue de Napoléon en notre cité eut lieu le 7 novembre 1811. Il était accompagné de son épouse l'Impératrice Marie-Louise.

Les chroniques de l'époque sont sobres de détails sur cet événement. Napoléon avait cessé d'être populaire. Son ambition insatiable, les levées de troupes continuelles, les impositions de guerre, bref, tout le régime impérial avec sa censure et sa police de fer pesait terriblement sur nos populations. En raison de cette défaveur, les thuriféraires de l'époque, les circulaires administratives spécialement, chauffent l'enthousiasme et se donnent un grand mal pour le rendre sincère. Chaque jour paraissent des notes « officielles » annonçant cette arrivée et toutes écrites dans le style suivant (1) :

____

(1) *Gazette de Liége*, 29 octobre 1811.

« Le bruit se répand que nos vœux seront exaucés,
» que nous aurons enfin le bonheur de recevoir Sa Majesté
» Impériale « noss binamé » ! *(sic)*. Mais on ignore encore le
» jour de son arrivée. Chacun se communique cette bonne
» nouvelle; chacun écrit à ses amis qui sont à la campagne.
» On s'empresse à faire des préparatifs et Messieurs les
» gardes d'honneur se disposent à se rassembler au premier
» avis. »

Le 5 novembre 1811, nouvelle note officieuse dans la
Gazette de Liége (1).

En même temps paraît une circulaire du préfet du département de l'Ourthe, M. le baron de Micoud d'Umons, à ses administrés, Messieurs les Maires et Messieurs les Ministres du Culte. Cette circulaire nous paraît mériter d'être publiée *in extenso :*

« Liége, 5 novembre 1811.

(1) » La garde d'honneur s'est réunie ce matin en uniforme et a été passée en revue
» par M. le Général Commandant le département en présence de M. le Préfet, ce qui
» nous donne l'espoir de jouir bientôt du bonheur de voir Leurs Majestés Impériales
» et Royales. Cet espoir est encore confirmé par la nouvelle que nous venons
» d'apprendre que Leurs Majestés sont parties ce matin de Dusseldorf pour Cologne.
» Il est aussi passé dans la matinée « un caisson » à 6 chevaux, avec un maître
» d'hôtel en second de la suite de l'Empereur qui a ordre d'attendre Sa Majesté
» à Namur. »

« Liége, le 4 novembre 1811.

» Messieurs,

» Les habitants de l'Ourthe vont jouir du bonheur
» de voir Leurs Majestés Impériales Ceux de l'ancien
» faubourg d'Amercœur, se rappellent avec attendris-
» sement ce qu'ils doivent à la présence du plus grand
» et du plus magnanime des monarques et sont impatients
» de faire éclater leur reconnaissance.

» Les préparatifs, les fêtes, Messieurs, sont moins
» l'expression des sentiments que ce premier mouvement
» de l'âme qui se manifeste avec tant d'énergie lorsqu'on
» est véritablement pénétré d'amour, de respect et de
» dévouement. Ne craignons point de nous livrer à ce
» premier mouvement, mais que ce soit avec l'ordre, la
» décence et le respect que nous devons aux meilleurs des
» souverains. Montrez-vous, Magistrats, et vous, Ministres
» des Cultes, à la tête de vos concitoyens ! Que Leurs
» Majestés en parcourant le département puissent voir
» tous leurs enfants sur leur passage et se convaincre que
» nous sommes de leurs sujets les plus fidèles et les plus
» dévoués. Vous défendrez très positivement l'usage des
» armes, de tirer des pétards, des fusées et tout ce qui
» peut effrayer les chevaux : vous prendrez enfin toutes les
» précautions nécessaires pour prévenir les accidents.

» Recevez, Messieurs, les nouvelles assurances de mon
» sincère attachement.

» Baron DE MICOUD. »

Le grand jour est arrivé et le 7 novembre, à 8 heures du soir, l'Empereur et l'Impératrice Marie-Louise font leur entrée en ville.

Voici la relation de cet événement d'après le *Journal de Liége* de l'époque :

« Liége, le 8 novembre 1811.

» Hier vers 8 heures du soir Leurs Majestés Impériales
» et Royales ont fait leur entrée en cette ville par le
» faubourg Bonaparte (*alias* d'Amercœur). Monsieur le
» Préfet, Monsieur le Général Commandant le départe-
» ment, Monsieur le Maire, ses adjoints et le corps muni-
» cipal, Messieurs de la garde d'honneur, différents
» fonctionnaires et partie de la garnison se trouvaient
» à la Chartreuse, près de l'arc de triomphe élevé sur le
» passage de Leurs Majestés et dont la plus brillante
» illumination retraçait l'architecture. Là, Monsieur le
» Maire a eu l'honneur d'adresser ces mots à Leurs
» Majestés lors de leur passage sous l'arc de triomphe,
» au milieu d'une foule innombrable de peuple, qui
» l'entourait malgré le temps très pluvieux depuis deux
» jours et qui n'a cessé que peu de moments avant
» l'arrivée de Leurs Majestés. »

A S. M. l'Impératrice (sa voiture ayant devancé de quelques minutes celle de son auguste époux) :

« Madame,

» Daignez agréer l'hommage de mon profond respect
» et celui du corps municipal de la commune de
» Liége dont j'ai le bonheur d'être l'organe en ce moment.

» C'est un jour de gloire pour nous d'être honoré de la
» présence de Votre Majesté Impériale et Royale et de
» vous exprimer nos sentiments d'amour et de reconnais-
» sance pour le don précieux que votre Majesté a fait à
» son peuple, du roi de Rome; la tige illustre de ce prince
» nous promet qu'il sera un jour, un des plus fermes
» appuis du trône et nous adressons des vœux bien sincères
» à l'Etre suprème pour que la dynastie de Napoléon le
» Grand, soit aussi perpétuelle que sa gloire.

   » Vive S. M. l'Impératrice ! »

A S. M. l'Empereur en lui présentant les clefs de la ville :

   « Sire, le 14 thermidor an XI vous honorâtes la ville
» de Liége de votre présence et j'eus l'honneur de vous
» présenter les clefs que vous daignâtes laisser dans mes
» mains. Aujourd'hui j'ai le bonheur de vous les repré-
» senter de nouveau, ainsi que nos hommages très
» respectueux et celui du corps municipal.

   » Votre Majesté Impériale et Royale va faire son
» entrée dans sa bonne ville de Liége en traversant le
» faubourg dévasté par les calamités de la guerre et que
» votre cœur paternel et bienfaisant a fait réédifier; vous
» allez, Sire, recueillir les acclamations de votre bon
» peuple, les expressions de sa vive reconnaissance et de
» son dévouement sans bornes pour la personne auguste
» de votre Majesté Impériale et Royale.

   » Vive l'Empereur ! »

» Leurs Majestés ont traversé lentement et aux
» acclamations du peuple le faubourg Bonaparte et le
» quartier d'Outre-Meuse, dont toutes les maisons et les
» édifices étaient décorés de draperies, feuillages, de
» lauriers et parfaitement illuminés.

» Parmi les nombreuses illuminations de la ville, on
» a particulièrement remarqué celle de la maison de
» M. Poncelet, située en face de l'hôtel de la Préfecture et
» qui était illuminée par le gaz inflammable, extrait de la
» houille, procédé de M. Rifs Poncelet.

» Partout nos augustes souverains ont été accueillis
» par les acclamations les plus vives et les plus soutenues.

» Une heure après son arrivée, S. M. l'Empereur a
» daigné recevoir, avec cette bonté, cette bienveillance et
» cette affabilité qui lui sont propres, les autorités judi-
» ciaires, civiles et militaires et le clergé présenté par
» l'Evêque. »

Le lendemain matin, 8 novembre, Napoléon visita la
Fonderie de Canons. On trouvera plus loin les détails de cette
visite. A 9 heures du matin, l'Empereur et l'Impératrice partirent
pour Huy où ils s'arrêtèrent quelques heures. Napoléon avait
déjà traversé Huy en août 1803 ; un incident, dont les suites
furent heureuses pour la topographie de la ville, marqua ce
premier passage. Une porte cintrée se trouvait alors au-delà du
pont actuel, au coin de la route de Namur. L'étroitesse de cette
porte fut cause de l'arrêt prolongé de la berline de voyage. On
dut enlever tous les bagages pour franchir l'obstacle, d'où arrêt
forcé. Malgré un corps de musique qui, d'après les chroniques
du temps, « exécutait des airs analogues au bonheur de posséder
et de voir le premier consul », ce dernier fut très impatienté
par cet arrêt.

Il n'aimait pas les imprévus ; aussi ordonna-t-il *illico* la démolition de la susdite porte. Pendant qu'on s'occupait à faire passer son attelage, il « porta ses regards de génie bienfaiteur sur le pont et vers la difficile et périlleuse sortie de Huy vers Namur ». Il prit son crayon, griffonna quelques mots et, à peine de retour à Paris, décréta les mesures nécessaires pour créer la route nationale de Huy à Namur, qui porta longtemps le nom de Chaussée Napoléon.

C'est un exemple intéressant d'une petite cause produisant de grands effets. Les contemporains purent dire avec raison qu'il avait traversé la ville comme « l'Éclair Créateur » !

Le second passage de Napoléon à Huy semble avoir laissé plus de traces. Il y séjourna quelques heures et fut l'hôte de M. Ouverx, le gendre du bourgmestre de Huy, M. Nicolas Delloye.

M. Delloye s'attendait à ce que Leurs Majestés Impériales et Royales fissent la traversée de la ville à la soirée ; il avait fait placer sur la route tous les réverbères de la ville (*sic*) « entremêlés de quelques centaines de lanternes turques qui avaient l'avantage de joindre à l'éclat de l'illumination celui d'une illusion agréable pendant la nuit et d'un ornement non moins agréable, quoique simple, pendant le jour ». « Ma ferblanterie, ajoutait M. Delloye, est en activité pour la façon de ces lanternes, etc., etc. »

Malheureusement, ces préparatifs furent inutiles, car l'Empereur déclara vouloir rester incognito (1).

Son arrivée à Huy fut accompagnée d'un épisode drôlatique que M. Dubois, secrétaire communal à Huy,

----

(1) Ces détails sont empruntés au livre de M. Dubois, secrétaire communal à Huy, intitulé : *Huy sous la République et l'Empire*, ainsi qu'à la *Gazette de Liége*.

relate dans son volume et prétend tenir d'un témoin oculaire mort il y a quelques années. Napoléon, en descendant de voiture, fut subitement saisi d'une de ces « incommodités naturelles » communes à tout le genre humain ici-bas ! ! Sans respect pour le protocole et les autorités, et faisant fi du public, Napoléon passa rapidement devant le maire en lui disant : « Bonjour, Delloye » et se précipita, non pas vers un de ces édicules à deux sous (la Providence n'en avait pas encore pourvu les gens de l'époque)

> *... mais vers un coin écarté*
> *Où de se soulager il prit la liberté.*

La foule ahurie put contempler le Héros immortel, image de la Divinité sur la terre, dans cette attitude... olympienne.

Après cette... représentation, Napoléon et Marie-Louise acceptèrent l'hospitalité que leur offrit M. Ouverx, et l'Empereur se fit montrer les produits en fer-blanc que les usines Delloye fabriquaient alors.

Le fer-blanc venait surtout d'Angleterre, et, d'après la tradition, Napoléon favorisa tout spécialement l'industrie hutoise en vue de faire échec aux fabriques anglaises. Le Gouvernement français passa les commandes de fournitures d'armées pendant plusieurs années aux usines de Huy, et Napoléon accorda même un subside de plusieurs centimes par objet fabriqué.

D'après la tradition, la suite de Napoléon abusa scandaleusement de l'hospitalité de M. Ouverx, et les vieux vins de la cave furent mis en coupe réglée.

On ne dit pas si le petit vin de Huy, si goûté comme produit pharmaceutique, fut également de la fête !

CHAPITRE III

Témoignages et Souvenirs liégeois touchant Napoléon

CHAPITRE III

Témoignages et Souvenirs liégeois
touchant Napoléon

Napoléon Ier, qui fit une France nouvelle et marqua
de sa géniale empreinte les domaines les plus divers,
laissa, somme toute, peu de souvenirs durables
à Liége. Nos institutions politiques, civiles, religieuses,
militaires et fiscales ont conservé bien des traces, des
témoignages vivants de notre réunion à la France, mais nos
rues, nos artères principales semblent, dans leur oubli de
cette période, avoir voulu en rejeter jusqu'à la mémoire.

Les thuriféraires de l'époque baptisèrent cependant de son
nom beaucoup de rues et places de notre ville. C'est ainsi
que la place Saint-Lambert s'appela pendant plusieurs années
la place Napoléon-le-Grand et qu'il fut décidé que sa statue,
en empereur romain, serait érigée au centre. Le destin des
choses en décida autrement. Le faubourg d'Amercœur, ainsi
que le quai Coronmeuse et boulevard Saint-Léonard s'appe-
lèrent, pendant l'Empire, Cours Bonaparte et Faubourg

Bonaparte. Pour reconnaître la libéralité faite par le premier consul aux habitants du quartier d'Amercœur (voir plus haut), le Maire de Liége prit, le 9 août 1803, un arrêté transformant les noms du faubourg d'Amercœur et de la rue Basse-Wez en Faubourg Bonaparte. Le Maire ordonna l'installation de deux tables en marbre, à l'entrée du dit Faubourg, c'est-à-dire Grivegnée. Ces pierres devaient porter des inscriptions faisant ressortir la générosité du Chef de l'Etat et devaient être placées sur deux obélisques. Ces inscriptions restèrent à l'état de projet. Le Conseil municipal ratifia la nouvelle dénomination, de même que le Ministre de l'Intérieur Chaptal. Le quartier d'Amercœur porta cette dénomination jusqu'après l'Empire. Il n'en fut pas de même du Cours Bonaparte. Trois jours après la publication de l'édit du Maire débaptisant le quai Coronmeuse (boulevard Saint-Léonard) et lui octroyant l'honneur (!) de porter le nom du Chef de l'Etat, le Conseil municipal, devant les réclamations du public, supprima cet édit et le Cours Bonaparte redevint le ci-devant quai Coronmeuse.

Parmi les autres souvenirs liégeois, il faut attribuer à l'intervention de Napoléon l'enlèvement des ruines de l'ancienne Cathédrale de Saint-Lambert et la construction du quai de la Sauvenière. Il y avait déjà huit ans que la Cathédrale avait été détruite et ses ruines formaient, aux dires des contemporains, « deux immenses montagnes de débris, décombres, amas de ruines affligeant les regards ». La municipalité se refusait à faire les frais nécessaires pour le déblaiement. Entretemps, ces décombres servaient de carrière et, pendant la période révolutionnaire, le plomb qui garnissait l'ancienne église avait servi à faire des balles « pour exterminer les satellites des tyrans » !

En 1801, Bonaparte rendit un décret où nous lisons :

« ARTICLE PREMIER. -- Les matériaux provenant de la démolition de la ci-devant Cathédrale de Liège, qui sont encore sur place, sont abandonnés gratuitement aux habitants de cette ville, ainsi que le terrain sur lequel ces matériaux sont entassés, à la charge pour eux de déblayer le dit terrain. »

Malgré l'appât du gain, les choses restèrent en état, et ce n'est qu'en 1808 qu'un plan (1) ayant été remis à la municipalité pour la création d'une grande place publique à l'endroit de l'église Saint-Lambert, avec statue de Napoléon au centre, le préfet Baron Micoud d'Umons, pressé par Napoléon et en vue de se mettre bien en cour, activa la démolition et fit décider que le quai de la Basse-Sauvenière serait construit avec les matériaux de l'ancienne Cathédrale. Ce quai ne fut achevé qu'en 1815, et jusqu'en 1818, le budget de la Ville porte les crédits votés pour l'entreprise de destruction et de déblaiement des décombres. D'après Gobert, on peut estimer à plus de deux millions de francs la dépense qu'occasionna la disparition de la Basilique. Ce chiffre nous paraît fort en dessous de la vérité et l'on peut hardiment le doubler. La somme de ce qu'a coûté cette disparition serait absolument fantastique si l'on y comptait la destruction des œuvres d'art qui la décoraient.

Le 4 juillet 1801, la première pierre du quai de la Basse-Sauvenière (qui s'appela longtemps Quai Micoud d'Umons) fut posée par le préfet du nom et ce fut l'occasion d'une cérémonie solennelle.

---

(1) Voyez GOBERT, *Rues de Liége.*

Une table d'airain fut intercalée parmi les premières pierres. Elle portait l'inscription suivante :

LE IV JUILLET MDCCCVIII

IVe ANNÉE DU RÈGNE DE NAPOLÉON-LE-GRAND

EMPEREUR DES FRANÇAIS, ROI D'ITALIE

PROTECTEUR DE LA CONFÉDÉRATION DU RHIN

FUT FONDÉ CE QUAI

LA PREMIÈRE PIERRE FUT POSÉE

PAR CHARLES-EMMANUEL MICOUD D'UMONS

PRÉFET DU DÉPARTEMENT DE L'OURTHE

EN PRÉSENCE

DE GÉRARD BAILLY, MAIRE DE LIÉGE

FRANÇOIS DEWANDRE, JACQUES FRANKINET

FRÉD. ROUVROY ET JACQUES HENROTTE

ADJOINTS AU MAIRE

LES MATÉRIAUX DE CE MONUMENT PROVIENNENT DES RUINES

DE LA CATHÉDRALE DE LIÉGE

EDIFIÉE PAR NOTGER EN DCCCCLXXII

ET DÉTRUITE EN 1794

PENDANT LES ORAGES DE LA RÉVOLUTION.

Au dessous de l'inscription, on n'avait point oublié les Muses, et on lisait les vers suivants :

> *D'un Temple révéré par nous, par nos aïeux,*
> *Liège offrait à regret les débris odieux.*
> *D'Umons veut effacer les traces de l'orage :*
> *Ces débris dormiront sous un riant ombrage,*
> *Où la Meuse captive, au sein de la cité,*
> *Va répandre la joie et la salubrité !*

Napoléon fonda également à Liége un lycée en novembre 1807. Il était situé sur l'emplacement de l'université actuelle. Les cours s'ouvrirent en 1808. Le règlement du lycée était conforme à celui en vigueur partout en France. On prévoyait 150 élèves internes, dont 50 boursiers, c'est-à-dire gratuits. La pension des élèves internes était de 650 francs, plus 50 francs pour la dépense des livres et 32 francs d'inscription. Au 1er avril 1812, le nombre des élèves internes et externes s'élevait à 332.

Un détail assez amusant rapporté par Gobert : les lycéens étaient embrigadés, exercés et conduits en soldats. Ils sortaient précédés d'un tambour. Ils portaient un uniforme et un chapeau-claque à deux pointes (1). Nous croyons superflu d'ajouter que le lycée impérial disparut avec la chute de l'Empire. L'édifice seul transmit par son style sévère le souvenir de cette époque. Tous les Liégeois se rappellent l'ancienne salle académique en forme de temple grec, déparé seulement par la malencontreuse boule (2) jaune qui surmontait le toit.

---

(1) Un détail à relever : chaque année avait lieu au sortir de la 5ᵐᵉ un concours octroyant une bourse à charge de la ville. Le lauréat était admis à suivre les quatre années restantes à moitié prix. Citons, parmi les lauréats : Jean-Marie-Arnold Moxhon, notaire et grand-père du notaire actuel, 99 points sur 100 : Charles Rogier, le futur ministre : Charles Abaylard de Rossius d'Humain.

(2) A propos de cette boule, nous avons souvent entendu raconter une boutade assez vulgaire qu'on prête au roi de Hollande. Guillaume Iᵉʳ vint à diverses reprises visiter les bâtiments universitaires et un jour, dit-on, aurait comparé la salle académique à un fromage de Herve. On lui aurait répliqué aussitôt : « Votre Majesté oublie sans doute le fromage de Hollande qui se trouve au dessus. »

CHAPITRE IV

Napoléon Ier et la Fonderie des Canons

CHAPITRE IV

Napoléon Ier et la Fonderie des Canons (1)

La Fonderie Royale des Canons fut fondée par Napoléon en 1803 alors qu'il mûrissait son plan d'une descente en Angleterre. Il préparait une flotte nombreuse et voulait se créer une formidable artillerie.

M. Périer, industriel à Paris, s'était engagé à fournir au Premier Consul 3,000 canons de 36 pour l'armement de la flotte de Boulogne ; des avances gouvernementales lui furent faites à cet effet jusqu'à concurrence de 1,700,000 francs.

M. Périer fit choix de la ville de Liége pour y établir son usine. Nul choix ne pouvait être meilleur. Il y établit six machines à vapeur d'une force de nonante-six chevaux, six fours à réverbère, deux immenses ateliers. Il fallut deux années complètes pour achever l'installation. La fabrication était à peine commencée que surgirent les difficultés techniques les plus diverses : main d'œuvre inhabile à dresser, matériaux à réunir ; il fallut, entre autres, deux années de recherches pour mettre la main sur un sable convenant au moulage. Toutes ces difficultés furent cause que M. Périer ne put continuer et que le Gouvernement dut reprendre la Fonderie à ses charges.

---

(1) Tous les détails de ce chapitre sont pris du volume de M. Gobert : *Les Rues de Liége.*

M. Périer, le directeur technique de la Fonderie, était le frère de Casimir Périer, le célèbre ministre sous Louis-Philippe et le grand'oncle par conséquent de M. Casimir Périer, l'ex-Président de la République française.

La Fonderie Impériale des Canons reçut la visite de Napoléon Ier et de Marie-Louise le 8 novembre 1811, à 8 heures du matin. Le capitaine d'artillerie M. Jure en était alors Directeur.

Napoléon consacra une grosse heure à inspecter les lieux. On coula une grande plaque de fonte en commémoration de cet événement et l'Empereur permit que cette plaque fût fixée à la façade de la Fonderie.

La plaque commémorative portait l'inscription suivante :

NAPOLÉON-LE-GRAND

VISITA LA FONDERIE IMPÉRIALE

LE 8 NOVEMBRE 1811.

Napoléon octroya en même temps une gratification d'un mois de solde (1) à tous les ouvriers et quitta l'établissement au milieu d'ovations frénétiques.

A propos de la Fonderie des Canons, M. Gobert relate un fait touchant la princesse Borghèse que nous reproduisons *in extenso*, tant il nous a paru donner le criterium de l'adulation des pouvoirs publics vis-à-vis de la famille impériale.

---

(1) Il intéressera le lecteur de connaître le taux du salaire dont se contentaient les ouvriers d'élite formant le personnel de la Fonderie.

Le chef principal, qui portait le titre d'inspecteur, avait un traitement annuel de 3,916 francs. Le maître fondeur recevait 1,800 francs. Il avait sous ses ordres douze ouvriers fondeurs ou mouleurs payés chacun à raison de 1 fr. 50 par jour, plus sept manœuvres à 1 fr. 10. Les ouvriers foreurs, les forgerons et les chaudronniers percevaient chacun 1 fr. 40. Les maîtres tourneurs avaient 2 fr. 40 et les maçons et briquetiers 1 franc. Les garçons de bureau touchaient 250 francs.

Que nous sommes loin des salaires actuels et des maçons à 70 centimes l'heure (chiffre touché par des ouvriers employés sur les chantiers de l'Exposition), ainsi que des salaires à 4 et 5 francs qui sont communs de nos jours !

Qu'en pensent Messieurs les démagogues ?

En 1808, Pauline Borghèse, sœur de Napoléon, dut prendre les eaux à Chaudfontaine. Comme on le sait, cette impériale cascadeuse avait fait beaucoup parler d'elle.

Son arrivée fut annoncée pour le 26 septembre 1807.

Toutes les autorités, peut-on dire, furent mises en branle.

Informé le 26 de l'arrivée de la Princesse, le général commandant les troupes du département de l'Ourthe eut à s'occuper de lui préparer les voies. Il en avertit le jour même le Préfet par la missive suivante, reproduite textuellement :

« MONSIEUR LE PRÉFET,

» J'ai l'honneur de vous prévenir que S. A. I. la Princesse Borghèse se rend demain matin à huit heures à Chaufontaine pour y prendre des bains et continuera tous les jours suivants ce genre de traitement.

» La Princesse est prévenue que le chemin est mauvais et cahotteux dans quelque endroit et m'a chargé de vous inviter à le faire racommoder soit en faisant jeter du sable ou de la terre dans les lieux qui sont dégradés ; elle désire aussi qu'il soit transporté à Chaufontaine, 6 boulets de 6 et une pince pour les tirer du feu ; ces boulets doivent être rougis à Chaufontaine pour rechauffer l'eau du bain de la Princesse.

» Je vous prie, Monsieur le Préfet, de vouloir bien de suite ce soir, donner vos ordres pour que le désir de Son Altesse soit rempli ; je dois la précéder demain matin pour m'assurer si le terrain est convenable.

» J'ai l'honneur de vous saluer avec une haute considération.

> » *Le Général commandant le département de l'Ourte,*
> » VERGER DESBARREAUX.

» Liège, le 26 septembre 1807. »

Le Préfet Micoud d'Umons ne pouvait manquer de mettre beaucoup d'empressement à satisfaire au « désir de Son Altesse ». Le soir même, à neuf heures, il expédiait à l'Ingénieur et au Directeur de la Fonderie, une dépêche pour qu'on procédât aux envois réclamés.

Dès le lendemain, à 6 heures du matin, le Directeur de la Fonderie, le capitaine d'artillerie Jure, faisait connaître au Préfet la suite donnée à cette grave affaire !

« Liège, le 27 septembre
à 6 heures du matin.

» Monsieur le Préfet,

» Je reçois à l'instant votre lettre de hier soir. Je n'ai point de boulets de 6, mais je pense que pour l'objet dont il s'agit, les boulets de 8 seront meilleurs ; je vais faire forger une pince pour les saisir et aussitôt qu'elle sera prête, je les enverrai à Chaudfontaine. Je pense qu'ils y seront avant neuf heures.

» J'ai l'honneur d'être avec respect, Monsieur le Préfet, votre très humble et très obéissant serviteur.

» *Le capitaine d'artillerie,*
» JURE. »

Les boulets dont il est question nous laissent assez songeur ! L'eau de « Chaude Fontaine » marque déjà 38 degrés ! Peut-être la princesse voulait-elle des bains de 50 degrés et davantage !...

CHAPITRE V

Napoléon et la Poésie lyrique

Napoléon en Voyage

Notes sur les Relais

Napoléon et l'« Almanach Mathieu Laensberg »

CHAPITRE V

Napoléon et la poésie lyrique

Napoléon en Voyage

Notes sur les Relais

Napoléon et l'« Almanach Mathieu Laensbergh »

Napoléon Ier devait inspirer les poètes de l'époque, et les journaux du temps publient souvent des pièces d'auteurs anonymes ou inconnus célébrant ses exploits. Les chefs des municipalités, les fonctionnaires, jusqu'aux maires de villages usaient aussi de ces moyens littéraires pour attirer sur eux l'attention du « Maître » et gagner ses faveurs. Dans les archives du temps, il n'est pas rare de trouver des lettres adressées au Préfet le priant de faire parvenir à Paris ces productions poétiques. C'est ainsi que le maire de Battice et celui d'Ombret avaient adressé de longues divagations poétiques sur les mérites de Bonaparte ; le style en est boursouflé, amphigourique ; malgré le zèle des auteurs, l'absence de toute prosodie et les idiotismes liégeois donnent à ces morceaux un cachet d'un profond comique bien fait pour dilater la rate des fonctionnaires français.

Nous reproduisons deux pièces écrites à l'occasion de la venue de Napoléon à Liége et qui furent déclamées devant lui.

La première a pour auteur un nommé Loncin, écuyer.

AU PREMIER CONSUL :

Les lauriers d'Apollon se fanaient sur la terre,
Les beaux arts languissaient, ainsi que les vertus.
La Fraude aux yeux menteurs et l'aveugle Plutus
Entre d'indignes mains gouvernaient le Tonnerre.
La Nature indignée élève alors la voix :
« Je veux former, dit-elle, un règne heureux et juste ;
» Je veux qu'un héros naisse et qu'il joigne à la fois
» La sagesse de Caton et les vertus d'Auguste
» Pour le bonheur du monde et l'exemple des rois. »
Elle dit, et du Ciel les vertus descendirent,
L'Univers tressaillit, tout l'Olympe accourut :
Les myrtes, les lauriers, les palmes reverdirent,
   Et Bonaparte parut.

A MADAME BONAPARTE :

O vous ! dont la vertu, dont la loi lui fut chère,
Esprit juste, esprit vrai, cœur tendre et généreux,
  Nous devons chercher à vous plaire,
  Puisque vous le rendez heureux.
Oui, belle Beauharnais, épouse tendre, affable,
Et dédaignant l'orgueil, et femme sans humeur
De la société, vous, le charme adorable,
  Oui, vous méritez votre bonheur.

La deuxième pièce qu'on va lire dâte du 7 Novembre 1811. On sait que pendant le voyage de Leurs Majestés Impériales et Royales, le Roi de Rome fit sa première dent ; c'est à cette occasion que les vers suivants furent composés pour ces illustres voyageurs, à leur passage à Liége, par M. Velez :

AU ROI DE ROME :

Aimable Roi, gentil enfant,
Des Français idole chérie !
Déjà d'une première dent
Ta bouche sourit, embellie.
Sur sa tige, en se balançant,
Ainsi la rose purpurine,
A côté du bonheur naissant,
Voit percer la première épine.

Lorsque, dans les bras du sommeil,
Paisiblement ton corps repose,
Qu'on aime à voir à ton réveil,
La perle s'unir à la rose ;
Ton sourire en est plus flatteur.
Quel ravissement pour ton Père,
Lorsqu'en te pressant sur son cœur,
Il va te rejoindre à la Mère. (Sic !)

De ta Mère l'heureux retour
Va calmer ton impatience.
Souvent elle-même à son tour
A redemandé ta présence.
Elle vient te parer des fleurs
Que l'hymen sema sur ses traces :
L'Amour ainsi versait des pleurs
Quand Vénus lui donna les grâces.

Doux espoir d'un peuple charmé
Dont chaque heure augmente l'ivresse,
Du sang le plus pur animé,
Crois par la gloire et la tendresse.
Fils du modèle des guerriers,
Que sa valeur seule t'inspire :
C'est en naissant sous les lauriers
Que l'Amour fonda son empire.

NAPOLÉON EN VOYAGE

Quelques détails sur la façon de voyager de Napoléon Ier intéresseront le lecteur.

Napoléon semble un anachronisme pour son temps ; il eût dû naître à l'époque du 150 kilomètres à l'heure ! Que n'eût-il pas réalisé, quels déplacements prodigieux et stupéfiants n'eût-il pas effectués si l'automobile eût été pratiquée par lui ! La vitesse de déplacement de Napoléon reste malgré tout absolument renversante, vu les modes de locomotion employés.

L'allure moyenne de Napoléon Ier dans ses voyages est de 20 kilomètres à l'heure. C'est ainsi qu'il met une grosse heure pour venir de Maestricht à Vivegnis. Il vient d'une étape de Sedan à Liége, de Dusseldorf à Liége. Les chevaux devaient fournir quinze kilomètres environ de galop soutenu ; les relais étaient nombreux et rapprochés habituellement de 15 à 20 kilomètres : ainsi Battice était le premier relai après Liége, puis venaient Moresnet et Aix-la-Chapelle. Vers Namur, le premier relai était Flône, puis Huy et Andenne. Vers Spa, le premier relai était au pied de Louveignez, à exactement quinze kilomètres de Liége.

Les relais étaient savamment organisés. Les préfets avisaient de l'arrivée de Sa Majesté Impériale par des lettres aux maires des communes, leur ordonnant de grouper à tel relai des chevaux de rechange. Habituellement, cinquante chevaux se trouvaient ainsi rassemblés et étaient presque tous employés.

Les journaux de l'époque, les archives, les actes et écrits officiels sont remplis de récriminations, réclamations et plaintes au sujet de la fourniture des chevaux. Le propriétaire d'un cheval avait droit à 3 francs d'indemnité par journée et 3 francs de débours par domestique conduisant trois chevaux.

La plupart du temps, les propriétaires restaient des années avant d'être remboursés. Si l'on pense aussi que la plupart des chevaux employés rentraient fourbus ou éclopés, on devine le peu d'empressement que mettaient les propriétaires à répondre aux réquisitions. Certains n'envoyaient que des rosses et d'autres s'y refusaient carrément. Dans ce cas, le remède était simple. Pour l'exemple, le Préfet donnait ordre à un gendarme d'aller trouver le récalcitrant — et de lui prendre, dans ses écuries, un cheval de trait qu'on versait au service du ravitaillement des armées. Pandore ne se faisait pas faute de prendre le plus beau et le meilleur ! — La Justice, ou plutôt la Police était rude et expéditive sous Napoléon Ier !

Malgré le bon marché de la vie et la grande valeur de l'argent, les voyages coûtaient terriblement cher.

Nous avons trouvé, parmi les documents de comptabilité du Département de l'Ourthe, qu'à l'occasion du passage de Madame Mère à Liége (partie de Sedan, Madame Mère devait être à Aix-la-Chapelle pour sa cure en un jour et demi), on envoya à Sedan, pour demander des instructions à l'auguste voyageuse, un sieur Dubois. Ce déplacement demanda cinq jours et coûta au Trésor 240 fr. 75 c. dont la moitié représente les frais de transport. Le « billet » aller sans le retour revenait donc, à un bourgeois de l'époque, à environ 60 francs. Avec une automobile, de nos jours, la dépense en combustible, c'est-à-dire essence et huile, pourrait se chiffrer, au maximum, à raison de neuf kilomètres au litre d'essence, calculée à 0 fr. 25 c. le litre, à 4 fr. 50 c. pour les dix-huit litres d'essence employés et 1 fr. 80 c. pour les deux litres d'huile — 160 kilomètres pour 6 fr. 30 ! et l'argent valait deux fois alors celui d'aujourd'hui !

Une automobile, à raison de 30 kilomètres de moyenne, vitesse de touriste raisonnable, mettrait donc cinq heures vingt minutes pour accomplir ce voyage. Napoléon, dans la splendeur de sa toute puissance, roulait huit heures consé-cutives pour faire ce même trajet et subissait au moins douze relais !   Et dire que nous nous plaignons quand les trains ont dix minutes de retard sur cent kilomètres ! !

NAPOLÉON ET L' « ALMANACH MATHIEU LAENSBERGH »

Napoléon, au faîte de sa puissance, faisait examiner sévèrement chaque édition nouvelle de l'almanach (1), de peur qu'il ne répandît des craintes ou des espérances contraires à ses desseins !

Napoléon avait pu apprécier les mérites de ce petit livre et il annonçait à qui voulait l'entendre que ces almanachs liégeois, qu'on farcissait de traits héroïques, lui amenaient tous les ans dix mille soldats.

---

(1) Voyez *Dictionnaire de la conversation*, année 1843, t. XV, et BECDELIÈVRE, *Biographie liégeoise*, tome 1, page 336.

APPENDICE

APPENDICE

Mémorial Administratif du Département de l'Ourte

DU 16 THERMIDOR AN XI (1).

LE PREMIER CONSUL DANS LE DÉPARTEMENT

DE L'OURTE.

Le premier Consul a laissé par-tout des traces heureuses
de son passage, par-tout où il a porté ses pas on parle avec
enthousiasme de son génie, avec amour de ses vertus. —
C'est à Liège principalement qu'on a pu contempler la profondeur de l'un et l'éclat des autres ; aussi les Liégeois en
conservent un souvenir profond. Depuis son départ, toutes
les bouches sont remplies de son nom, tous les citoyens
expriment l'admiration, l'attachement que leur a inspiré le
héros de la France ; on est sûr de commander l'attention
lorsqu'on peut raconter une action ou un mot de Bonaparte,
et le sujet est fécond, car nulle part, peut-être, il n'a été

---

(1) Nous croyons intéresser le lecteur en reproduisant *in extenso* la relation
officielle, parue dans les *Actes administratifs*, de la première venue de Napoléon
à Liège.

Chose curieuse, ce même recueil ne donne pas une ligne relatant le second passage
de 1811. A cette date, le *Mémorial* ne contient plus que des correspondances fastidieuses
et toujours les mêmes touchant les impositions de guerre, les levées de troupes, les
tableaux des conscrits, des réserves et surtout des échanges de vues entre préfet, maires
et fonctionnaires touchant les conscrits rebelles et les insoumis.

plus curieusement observé, plus rapidement apprécié. —
Nulle part aussi le Premier Consul n'a montré plus de con-
fiance et d'abandon ; les Liégeois en étoient dignes, ils le
savoient, et contens d'avoir été bien jugés, ils ont exprimé
de mille manières la vivacité de leurs transports. Depuis
deux jours, l'arrivée du premier consul étoit annoncée pour
le soir du 13 thermidor ; les habitans des campagnes et des
villes voisines étoient accourus dans celle de Liège, et cette
cité déjà si populeuse renfermoit le triple de ses habitans
ordinaires ; au milieu de cette multitude qui se pressoit,
aucun accident, aucune rixe n'a obligé de recourir aux
mesures qu'avoit préparées la prudence de l'administration.
Les citoyens faisoient leur police, ou plutôt l'ordre se main-
tenoit de lui-même dans un peuple dont tous les individus
n'étoient animés que de sentiments doux et fraternels. Jamais
cependant on ne vit régner une agitation plus vive dans une
grande ville, jamais aussi cette agitation ne ressembla moins
au tumulte.

L'espérance de jouir quelques instants plus-tôt de la vue
de Bonaparte avoit porté tout ce peuple hors de la ville le
soir du dimanche ; de Liége à Herstal, la magnifique pro-
menade du quai Saint-Léonard en étoit couverte, la pré-
voyance de la mairie en avoit interdit l'accès aux voitures.
En vain on répandit la nouvelle que l'entrée du Premier
Consul étoit remise au lendemain, elle ne put s'accréditer,
ceux que le lundi devoit rappeler à leurs travaux ne pouvoient
renoncer à l'espérance qui les avoit amenés, et à minuit
l'affluence n'étoit pas sensiblement diminuée.

Au lever du soleil, la route de Maestricht fut bordée de
curieux empressés, chacun pour jouir mieux et plus-tôt, se
précipitoit en avant, et la foule se trouva plus grande à
Herstal qu'aux environs de Liège. Les maires des communes

rurales à la tête de la jeunesse étoient placés de distance en distance, et des allées de verdure, des arcs de feuillages élevés par le sentiment, traçoient et embellissoient le chemin que devoit suivre le Premier Consul. — Parti à 3 heures de Maestricht, il étoit à 4 heures sur les limites du Département. Là le préfet, réuni aux maires des communes environnantes, lui exprima au nom du département la vive satisfaction qu'alloit répandre sa présence, et le précéda jusqu'à Liège. — Un arc de triomphe d'un bon style, dont le citoyen Dewandre, adjoint au maire, avoit donné les dessins et dirigé la construction, avoit été placé à l'Etoile du quai, entre les deux promenades ; il était décoré d'inscriptions ingénieuses, offertes par le citoyen Beckoz, qui a si souvent embelli nos fêtes des productions de sa muse. — En avant et sous l'une des allées, une estrade étoit disposée pour recevoir les dames de la ville. — Deux autres estrades s'appuyoient sur l'arc de triomphe et, s'en éloignant circulairement à droite et à gauche, formoient une vaste enceinte, bordée par des fonctionnaires publics et présentant le plus magnifique coup-d'œil. — Vers six heures, des cris éloignés, le bruit du canon, des nuages de poussière annoncèrent l'approche du Premier Consul. — La garde d'honneur paroît au galop sur les pas de son vieux et brave commandant, le citoyen Chestret, dont les années semblent respecter les forces et accroître le zèle. On admira l'aisance et la bonne grâce de cette jeunesse brillante, on fut frappé de la composition et de la bonne tenue de la garde consulaire qui marchoit ensuite : une acclamation générale frappa les airs, le nom de Bonaparte retentit, il étoit là, accompagné de son auguste épouse ; la voiture s'arrêta au milieu du cirque, le maire environné des adjoints prononça une harangue courte, digne du héros auquel il l'adressoit et du peuple dont il étoit l'organe ; il exprima à Madame Bonaparte la reconnoissance que lui ont vouée tous les Français pour les tendres soins qu'elle donne au bonheur du Premier Consul. Il termina en offrant les clefs d'une ville qui, depuis qu'elle s'est réunie à la France, s'est toujours distinguée par la sincérité de son attachement.

Il est impossible de mettre plus de bienveillance que le Premier Consul, plus de grâce, que son épouse, n'en ont mis à recevoir du maire, les témoignages d'affection qu'il était chargé de leur présenter. Les acclamations recommencèrent et c'est au milieu de ces éclats de l'allégresse générale que le Premier Consul traversa la ville et se rendit au palais, précédé et suivi de toutes les autorités civiles et militaires. Dès cet instant jusqu'à celui de son départ, sa porte fut constamment environnée de groupes nombreux de peuple.

A trois heures, toutes les autorités civiles et militaires se réunirent au palais, pour être présentées, les unes par le préfet, les autres par le général divisionnaire ; admises successivement, tous ceux qui en faisaient partie purent voir de près l'objet de l'admiration générale, entendre sa conversation, juger de la rapidité de ses conceptions, de la profondeur de ses vues, de l'étendue de ses connoissances ; tous purent comparer un moment Bonaparte à sa réputation et reconnoitre que la renommée, loin d'exagérer, ne donne pas une assez grande idée de cet homme étonnant. — Nous l'avons entendu avec surprise descendre dans les détails les plus petits de l'administration communale, l'instant après disserter en jurisconsulte sur l'ancien droit liégeois, puis sonder les diverses branches du commerce, se montrer aussi instruit que nos plus habiles négocians, de ses moyens et de ses débouchés, parler en observateur savant de nos manufactures, de nos mines, de notre agriculture, s'étendre avec le clergé sur les vrais principes de la religion et se montrer toujours clair et précis en interrogeant, patient en écoutant, lumineux dans ses réponses, juste et prompt dans ses décisions.

Par un sentiment de bonté, il se montra plusieurs fois au peuple, qui à chaque reprise lui témoigna sa reconnoissance par des applaudissements et des acclamations ; le peuple ne soupçonnoit pas encore ce qu'il méditoit en sa faveur. Après une audience aussi longue, aussi pénible, on devoit s'attendre que le Consul chercheroit le repos ; non, son infatigable génie n'en connoit pas ; on savoit à peine qu'il étoit sorti, lorsqu'on apprit qu'il avoit déjà visité la citadelle, ou le champ de Rocour, parcouru les campagnes. — Sa garde avoit peine à le suivre dans les détours nombreux et subits où l'entraînoient l'abondance et la variété de ses idées ; il se présente à diverses portes de la ville, mais trouvant partout un empressement auquel il cherchoit à se soustraire, sa modestie le précipita dans un chemin rapide où l'on a peine à marcher à pied et qu'il parcourut à cheval avec la vélocité de l'éclair ; on frissonne encore aujourd'hui en racontant ce fait. Après avoir traversé le quartier de la Fontaine, dont le peuple l'eut bientôt reconnu, accompagné seulement de deux gardes d'honneur, il rentra par la porte d'Avroy à travers une multitude immense qui le poussoit de toutes parts ; une illumination spontanée éclaira sa marche, des acclamations non interrompues l'annonçoient au loin ; il traversa ainsi une partie de la ville, son visage sembloit réfléchir doucement la satisfaction qui éclatoit dans tous les yeux ; sa garde l'avoit rejoint et le précédoit, elle s'attendoit à le reconduire au palais, mais le Premier Consul vouloit se livrer au peuple, il vouloit s'abandonner complètement ; il trompa sa vigilance et s'élança sur le pont de la Victoire et dans le quartier d'Outre Meuse.

C'est dans ce moment qu'un citoyen qui l'avoit suivi depuis longtemps, sans le voir assez, se précipite tout habillé dans la Meuse et traverse ce fleuve à la nage dans l'espérance de devancer sa marche et de se trouver à temps sur son passage au quartier d'Outre Meuse. Personne ne l'attendoit dans ce quartier qu'il traversa avec rapidité. Il vit à son extrémité, au faubourg d'Amercœur, les débris des maisons brûlées par les Autrichiens, ce triste monument de la fureur des ennemis et du patriotisme des Liégeois, et se rendit à la Chartreuse, d'où ce malheureux faubourg fut foudroyé ; à son retour, il fut témoin d'une de ces scènes qui ne se commandent pas, qui ne se préparent pas et qui expriment si parfaitement l'élan des cœurs ; à peine un quart d'heure s'étoit écoulé, il reparoît et trouve ces vastes ruines, cet immense quartier, totalement illuminés, il se trouve environné, pressé, presque porté ; on tenoit la bride du cheval, on soulevoit l'étrier, on embrassoit les genoux du héros, les habitans d'Amercœur étoient dans l'ivresse, et le héros jouissant de leurs transports, modéroit son pas, saluoit avec une affectueuse bonté, il sembloit être heureux, sans doute il le fut du bonheur qu'il mérite, le seul digne de lui, de l'amour ardent du peuple dont il se montre le père. L'aspect des ruines d'Amercœur l'avoit ému. Il reçut avec la plus vive sensibilité la pétition touchante des infortunées victimes de leur attachement à la France et revint enfin à son palais toujours environné d'applaudissements.

Le préfet, le général de division, l'évêque et le maire de la commune eurent l'honneur de dîner avec lui.

La matinée du lendemain fut consacrée au travail, à trois heures le Premier Consul reçut les fonctionnaires publics qui n'avoient pu lui être présentés la veille. Après cette audience, il se fit amener un cheval et, sans communiquer son dessein, traversa de nouveau le pont de la Victoire, remonta le rivage de la Meuse par des rues détournées, accompagné de quelques gardes d'honneur, et arriva à la caserne, où il fit mettre la garnison sous les armes. Tous les citoyens ignoroient où il avoit dirigé ses pas, quand tout à coup on le vit paroître sur le rivage vis-à-vis du palais, à la tête de la troupe, qu'il exerça sous les yeux de Madame Bonaparte et du peuple auxquels il sembloit vouloir donner une fête. Les manœuvres furent exécutées comme savent le faire les soldats de la patrie en présence de celui qui les mena toujours à la victoire. Il en témoigna sa satisfaction. Cet exercice qui mit tout le monde à portée de le voir encore causa la plus vive satisfaction, le Consul rentra ensuite au palais, il admit à diner le président du tribunal d'appel ; la commune avoit fait préparer sur la rive opposée un feu d'artifice dont une circonstance heureuse embellit l'effet ; on vit s'élever un nuage épais qui vint intercepter la lumière de la lune et répandit sur la ville une profonde obscurité ; à cet instant parut, exprimé en traits de feu, le cri de l'allégresse générale, le vœu de la France entière : Vive Bonaparte. On ne peut se figurer un plus brillant effet et le redoublement d'enthousiasme qu'il occasionna.

Le commerce de Liège avoit offert au Premier Consul une fête qu'il avoit bien voulu accepter, elle devoit avoir lieu à dix heures à la maison-commune où l'on avoit préparé une salle ornée avec goût et simplicité. A l'une des extrémités s'élevoit un orchestre où s'étoient déjà rendus tous les musiciens habiles que possède notre ville si riche en ce genre ; à l'autre étoient placés deux fauteuils ; un triple rang de dames invitées garnissoit le pourtour de la salle, l'ordre le plus parfait embellissoit encore cette brillante assemblée ; on attendoit l'arrivée du Premier Consul, des acclamations lointaines apprirent qu'il étoit en marche ; depuis quelques instants il se formoit un orage, tout à coup le tonnerre gronde, de longs éclairs brillent et

Bonaparte paroît. Pendant quelques moments il régna un silence en quelque sorte religieux auquel succéda une explosion subite d'acclamations et d'applaudissements ; le Consul et son épouse s'étant placés, le citoyen Lefebvre chanta avec les talents qu'on lui connoit des couplets très bien faits du citoyen Beckoz, et auxquels le citoyen Bodson, artiste distingué, avoit adapté une musique très agréable. L'exécution fut parfaite ; les intervalles de chaque couplet étoient marqués par les plus vifs applaudissements ; on fit répéter deux fois celui qui étoit adressé à l'épouse du Premier Consul ; on ne se lassoit pas d'entendre les louanges de cette digne compagne d'un héros. Il témoigna le désir de voir danser et aussitôt la valse s'ouvrit, mais un mélange singulier de respect et de curiosité la faisoit suspendre à mesure que chaque couple passoit devant les objets de la commune admiration ; on oublioit la danse, et bientôt le plus aimable désordre confondit les spectateurs et les danseurs, qui uniquement occupés de Bonaparte, couvrirent le son des instruments de nouvelles acclamations. Jusqu'où se fussent portés les transports, si l'on eût pu savoir qu'avant de se rendre dans ce lieu, le Consul venoit de signer l'arrêté qui accorde une somme de 300,000 francs pour la reconstruction du faubourg d'Amercœur.

Après avoir honoré le bal de leur présence pendant trois quarts d'heure, les deux époux se retirèrent et, comme l'a déjà remarqué le rédacteur de la *Gazette de Liège*, on put s'apercevoir de la satisfaction que leur avoit fait éprouver cette réception sans faste et sans prétentions, cette fête qui étoit réellement celle du cœur, de la franchise et de la loyauté.

Le lendemain 15, à 1 heures du matin, le Premier Consul a quitté les murs de Liège, en emportant les vœux et les regrets des habitans. Une multitude d'entr'eux s'étoit encore rassemblée sur le quai d'Avroy, il a pu du moins entendre quelques-uns des accens de reconnoissance dont la ville retentit depuis son départ ; combien les habitans d'Amercœur ont regretté qu'il n'eut pas prolongé son séjour, ils espéroient qu'il verroit Chaudfontaine, qu'il traverseroit leur quartier, et dans l'effusion de leur gratitude, ils avoient formé le projet, qu'ils n'eussent pu exécuter, de dételer la voiture et de le conduire eux mêmes. C'est en parcourant les rues, en pénétrant dans les groupes nombreux qui se formoient sur le passage de Bonaparte, qu'on a pu observer l'effet qu'a produit son voyage, l'impression qu'a faite sa présence et sur-tout sa touchante affabilité, son confiant abandon, et, le dirons-nous? cette bonté sublime quand elle est unie à l'héroïsme. Oh ! il ne partira pas, disoit l'un, il restera encore ici, il doit bien voir que nous l'aimons ; il reviendra, disoit un autre, il l'a promis, on voit bien qu'il aime les Liégeois, et les vivats interrompoient ces expressions naïves d'un véritable attachement.

Nous apprenons que le Premier Consul n'a pas reçu moins de témoignages d'affection sur la route de Liège à Namur, par-tout il a trouvé les chemins ornés de verdure, d'arcs de triomphe et d'une parure plus belle encore, d'un peuple immense accouru de toutes parts et brûlant du désir de le voir. - Il a bien voulu s'arrêter un instant à Huy et y recevoir en passant les hommages des autorités qui résident dans cette ville.

Là, comme dans toutes les autres parties du département, il a pu voir franchise, loyauté, élans d'une sensibilité vraie, et s'il a trouvé chez nos voisins une pompe que nos moyens et notre situation nous interdisoient, nous osons répondre que la simplicité et l'ardeur liégeoise auront plu à son âme.

Discours du Maire de Liége
au Premier Consul.

CITOYEN PREMIER CONSUL,

Vous entrez à Liège, j'ai l'honneur de vous en présenter les clefs, ses citoyens sont fiers de posséder le premier magistrat de la France, le héros pacificateur de l'Europe.

L'amour des Liégeois pour la république a devancé ses triomphes, ils se sont donnés, ils n'ont point été conquis.

Qu'offriroient-ils au Premier Consul ? Leurs cœurs ? Ils étoient au vainqueur d'Arcole et de Lody.

MADAME,

Daignez agréer l'hommage de nos respects, ce tribut est dû à l'épouse aimable et bienfaisante de Bonaparte.

Puisse le Premier Consul goûter un bonheur égal à celui qu'il répand dans sa cause glorieuse ! Sans vous, Madame, ce vœu ne pourroit être accompli. Nos cœurs nous disent que dans votre absence, son bonheur ne seroit point parfait.

Discours du Général de Division
au Premier Consul.

CITOYEN PREMIER CONSUL,

J'ai l'honneur de vous présenter les braves officiers supérieurs de toute la division dont vous m'avez confié le commandement. Le tribut de respect, d'admiration et de zèle que nous venons vous offrir est bien mieux senti encore de nos âmes militaires que nous ne pouvons le rendre. Eh ! que ne doit-on pas au héros, au sage, à ce généreux pacificateur qui, par tous les genres de grandeur et de félicité dont il comble la France, peut défier le burin de l'histoire d'avoir jusqu'à nous présenté son égal. Qu'il me soit permis de vous rappeler ici le temps orageux où, pénétré déjà d'admiration pour vos vertus politiques et guerrières, j'émis ce vœu si heureusement réalisé qu'un grand homme comme vous seul pouvoit sauver la France.

En vain un ennemi jaloux voudroit-il attenter encore à sa prospérité. Sa tête altière ne pourra que plier sous le poids immense de gloire que vous déroulerez à ses yeux. Tous les cœurs vous sont dévoués, la force est dans l'union. Personne qui ne confonde tous ses intérêts avec votre propre grandeur.

Recevez en particulier l'hommage de notre dévouement. Notre âme élevée par la vôtre se sent capable de marcher dans le chemin le plus périlleux de la gloire que vous lui tracerez, et ces braves qui reçurent de votre main au champ de l'honneur ce signe de la victoire, n'attendent que le signal du combat. Je m'estimerois particulièrement heureux de pouvoir répondre à la flamme guerrière dont vous m'animez et fixer votre choix pour combattre l'ennemi commun. C'est la plus noble récompense à laquelle j'oserai aspirer après tant de bienfaits.

Madame,

Le héros de la France, votre auguste époux, possède tous les genres de gloire et de grandeur. Il a mis le sceau à la félicité publique, la sienne particulière dépend pour beaucoup d'une union assortie à ses hautes qualités. Combien n'avons-nous pas à nous louer, Madame, de celle dont vous lui faites éprouver les douceurs, charmes, urbanité, bienfaisance, élévation d'âme, toutes les qualités, en un mot, et les vertus, forment en vous une heureuse association ; et la postérité, quoique moins heureuse que nous qui vous possédons, s'empressera comme la génération présente à vous rendre l'hommage le plus complet.

Je m'honore d'avoir à vous exprimer aujourd'hui ces sentiments vrais et intimes à la tête des officiers supérieurs et autres de ma division qui les partagent également, et que j'ai l'honneur de vous présenter.

Discours du Citoyen Chestret père,

Commandant la Garde d'Honneur de l'Ourte,

au Premier Consul.

Citoyen Premier Consul,

La jeunesse du département de l'Ourte, jalouse d'imiter ses pères, par l'amour et la fidélité qu'ils ont constamment portés au gouvernement français, s'empresse d'en offrir l'hommage respectueux au héros qui en fait la gloire, qui a su triompher de tant d'ennemis et qui assure le bonheur des Français.

Cette jeunesse, citoyen Premier Consul, sent trop l'honneur auquel elle est appelée pour ne pas regretter que son service ne dure qu'un moment.

Ce moment est le plus beau de la vie de son vieux commandant qui voudroit, avec ses camarades, pouvoir vous en consacrer le reste, et qui a l'honneur particulier de prendre les ordres du Premier Consul.

Discours du Préfet au Premier Consul.

Citoyen Premier Consul,

Le peuple de ce département attendoit avec la plus vive, la plus affectueuse impatience, le suprême magistrat de la République ; celui qui sait avec un égal succès la défendre de ses bras, la régir par sa pensée, et l'honorer autant par ses mœurs que par son génie ; celui enfin qui, rapproché de tous les personnages historiques et fabuleux, ne peut être comparé qu'à lui-même.

Puissiez-vous, citoyen Premier Consul, trouver dans l'amour, dans les bénédictions de ce peuple sensible et reconnoissant une légère compensation des immenses, des immortels travaux que vous commande son bonheur et dont votre vie se compose.

Puissiez-vous trouver dans ces vœux, dans ceux non moins ardens des magistrats que vous lui avez donnés, citoyen Premier Consul, un motif de prolonger votre séjour au sein de ce département et de porter sur son active industrie vos regards vivifiants ; alors il n'aura plus rien à envier aux heureuses contrées que vous venez de parcourir.

Recevez avec bonté, citoyen Premier Consul, l'hommage de notre respect, de notre dévouement et de notre fidélité.

Madame,

Vous avez entendu, vous entendez encore les bénédictions dont le peuple de ce département environne le Premier Consul. Au nom de ce peuple reconnoissant et sensible, nous venons le supplier d'y prolonger son séjour autant que le permettront les grands intérêts de l'Etat.

Ces bénédictions vous sont également adressées, Madame, nous vous apportons les mêmes vœux, et les Français de l'Ourte auront une nouvelle preuve de la parfaite bonté qui vous caractérise et que publie la renommée. Si vous daignez employer au succès de leurs vœux, l'aimable empire que vous donnent vos grâces et vos vertus sur l'illustre époux dont vous embellissez la vie.

Agréez, Madame, l'hommage de notre respect et de notre admiration.

Discours du Président du Conseil général au Premier Consul.

CITOYEN PREMIER CONSUL,

Le Conseil-général du département de l'Ourte vient vous offrir le tribut de son respect, et vous témoigner la douce satisfaction qu'il éprouve de vous voir dans ce département, l'un des plus intéressans de la France, par ses fabriques et par ses exploitations.

Les fabriques d'armes, de clous, de drap, de serge et de cuir, ses exploitations de houille, d'alun, de fer et de calamine offrent des ressources précieuses, des produits très considérables.

L'agriculture n'y est pas non plus négligée, elle y fleurit par-tout où la nature du sol seconde les efforts du cultivateur.

Les agitations fréquentes que ce pays a éprouvées depuis la révolution avoient interrompu les progrès de nos manufactures ; mais elles se sont ranimées sous l'administration paternelle du Premier Consul, et tout semble présager maintenant qu'elles ne tarderont pas à s'élever au plus haut point de perfection et de prospérité. Nous rendons grâce de cet heureux changement au génie du grand-homme qui a opéré tant de prodiges ; et l'expression de l'allégresse publique, dans cette circonstance mémorable, n'est à nos yeux qu'un bien faible témoignage de toute la reconnoissance que nous lui devons.

Discours de M. l'Evêque au Premier Consul.

CITOYEN PREMIER CONSUL,

J'ai l'honneur de vous présenter le clergé du département de l'Ourte ; comme celui de l'autre partie de mon diocèse, que vous avez daigné accueillir, il trouve le plus cher de ses devoirs dans le soin d'apprendre aux peuples que les vrais principes de la religion ne sont pas différens des principes de l'ordre social ; que le bon citoyen sera agréable au Dieu, qui dans les desseins de sa bonté, daigna remettre à Bonaparte les destinées de l'Empire.

Je suis heureux, citoyen Premier Consul, de vous faire hommage de la rapidité des succès, dont le Ciel a couronné nos travaux : le clergé de ce diocèse n'éprouvoit ni hésitation ni tiédeur, alors qu'il recommandoit un entier dévouement à la patrie, que vous nous avez rendue, puissante et glorieuse ; alors qu'il recommandoit une inaltérable union, au nom de l'Homme, que la Providence a revêtu de la force, qui réprime toutes les passions inquiètes, et de la sagesse qui fait oublier toutes les infortunes.

Madame,

Une circonstance précieuse à mon dévouement, me permet de vous offrir une seconde fois mes hommages.

Je ne chercherai point d'autres expressions pour des sentimens qui ne varient jamais.

Sur tous les points de mon diocèse, les ministres de la religion rapprochent dans leurs prières du nom si grand de Bonaparte le nom si doux de Madame : ils confondent dans leur gratitude pour le protecteur de la France, l'ascendant du génie et le charme des vertus aimables.

Discours du Président du Tribunal d'appel de Liége au Premier Consul.

Citoyen Premier Consul,

Le tribunal d'appel partage vivement l'allégresse générale, que votre présence fait éprouver aux habitans de ce département ; il vient vous exprimer les sentimens de respect, d'admiration et de reconnoissance ; il désire ardemment que la durée de votre vie égale la grandeur de votre gloire. Vivez, citoyen Premier Consul, vivez long temps pour le bonheur de la France, et le plus doux de nos vœux sera rempli.

Madame,

Vous faites le bonheur du héros qui a comblé la France de ses bienfaits, à ce titre vous méritez la reconnoissance générale. Daignez recevoir, Madame, avec la bonté qui vous caractérise, l'hommage que nous vous présentons de notre dévouement et de notre profond respect.

Discours du Président du Tribunal criminel
au Premier Consul.

CITOYEN PREMIER CONSUL,

Les juges du tribunal criminel du département de l'Ourte regarderont aussi comme le plus beau jour de leur vie, celui où ils peuvent offrir au premier magistrat de la nation française le tribut de leur amour et de leur reconnoissance.

Bonaparte doit s'attendre à voir signaler aussi sa présence sur tous les points de la République qu'il voudra visiter ; cet hommage est universel, parce que l'émotion est générale, elle est l'expression d'un sentiment dont nous trouvons tous la source dans notre cœur.

Il est le cri d'un peuple dans l'ivresse qui s'associe aux élans réparateurs de celui qui les conduisit dans les champs de la gloire, et devient son guide encore dans le chemin des vertus ; il est celui de toutes les classes de la société, parce que toutes elles sont en harmonie avec la pensée et les œuvres d'un gouvernement qui a su consacrer les droits de tous, mais pour les fondre dans le système politique, par l'obéissance que tous les hommes doivent aux lois et à tous leurs organes ; qui les a fait valoir tous, mais pour consolider les rapports existant entre l'Etat et le citoyen, entre le magistrat et le particulier.

Citoyen Premier Consul, combien d'époques chères à tous les Français votre présence ne nous rappelle-t-elle pas ; comme guerrier, chacune déterminoit pour vous un nouveau genre de gloire, faisoit naitre pour nous de nouvelles espérances. Ah ! Puissiez-vous être heureux de ces souvenirs, comme nous le sommes de ces grands résultats que nous n'osions attendre ! Comme législateur, vous avez su réformer tous les liens qui rattachent le citoyen à sa patrie et l'homme à son semblable ; vous êtes parvenu à faire pour ainsi dire de chaque famille un petit Etat, où le respect, le devoir et la décence tendent à conserver les mœurs ; l'ordre et le bonheur, où les pères diront à leurs enfants : Bonaparte, dans tout l'éclat de sa grandeur, de sa puissance et de sa renommée, fut toujours un honnète homme ; l'humanité applaudira à cet épanchement, et l'histoire ne manquera pas de le recueillir. Pour nous, dépositaires d'une partie des intérêts de la société que vous avez bien voulu nous confier, nous pouvons bien réitérer la promesse d'employer toutes les forces de notre àme pour les conserver ; mais à celui qui poussa l'amour de son pays jusqu'à la passion ; à celui qui remplit une si grande tàche et avec tant d'illustration, nous n'oserons jamais demander d'être appréciés, nous venons seulement ici réclamer sa bienveillance et sa bonté.

A Madame Bonaparte,

Si au milieu de cette allégresse publique, nous avions été privés de l'avantage de pouvoir adresser nos vœux et nos hommages à la personne qui partage de si grandes destinées, Bonaparte nous eùt pardonné sans doute d'éprouver des regrets.

Mais il a voulu multiplier pour une épouse chérie les occasions où elle pùt se livrer à ses plus douces habitudes ; il a voulu que tous ses pas fussent marqués par elle par des actes de sensibilité et de bienfaisance ; il a voulu enfin que notre enthousiasme fùt porté à son comble ; et c'est ici, je l'avoue, où le mot me manque pour vous dépeindre, Madame, le genre de sensation que tant de bienfaits excitent en nous.

Discours du Président du Tribunal de 1re instance au Premier Consul.

Citoyen Premier Consul,

Rappeler ce que vous avez fait pour notre bonheur, seroit tracer l'histoire de votre vie et celle des plus grands guerriers et des plus sages législateurs et nous resterions toujours au dessous de la vérité. Vos bienfaits sont sentis, veuillez agréer nos sentiments de reconnoissance et de dévouement, ils sont sincères, sans borne et partent du cœur.

Madame,

Veuillez agréer les hommages respectueux que le tribunal de première instance, séant à Liège, croit de son devoir de vous présenter ; vous les méritez à tant de titres que nous craindrions d'alarmer votre modestie si nous les rapportions ici ; qu'il nous soit permis d'en énoncer un seul, vous faites le bonheur du héros qui fait le nôtre.

Discours du Président du Tribunal de commerce au Premier Consul.

Citoyen Premier Consul,

Le tribunal de commerce vous présente, par l'organe de son Président, le tribut de son très profond hommage.

Il est bien doux pour nous de pouvoir ajouter aux jouissances que nous procurent nos honorables fonctions, celle d'approcher le grand homme à qui nous devons tout ; à qui nous devons en particulier le rétablissement d'une religion qui nous est chère, l'accroissement du commerce devenu tel qu'il a effrayé Carthage et nous a suscité une guerre qui n'a pas même de prétexte.

Mais, citoyen Premier Consul, déjà une fois vous nous avez donné la paix, une fois encore vous la commanderez, et une bonne fois enfin, les nations, même les plus jalouses, étonnées de la continuité de vos triomphes, plus étonnées encore de votre modération, devront s'écrier : *Dieu protège la France !*

Le Président de la Commission administrative des Hospices civils de Liége au Premier Consul.

CITOYEN PREMIER CONSUL,

La commission administrative des Hospices civils vient par mon organe vous offrir son hommage ; elle se croit assez dédommagée de ses travaux par l'honneur qu'elle obtient aujourd'hui de vous être présentée.

La situation des Hospices de Liège était pénible, les lois émanées pendant votre consulat l'ont améliorée, et nous ont procuré le moyen d'atteindre le niveau de leurs besoins.

Puissent vos grandes occupations vous permettre, Citoyen Premier Consul, de visiter les infortunés qui y sont recueillis ; ...! tous bénissent l'homme extraordinaire qui protège leur existence et consolide par son génie et ses travaux le bonheur de ses concitoyens.

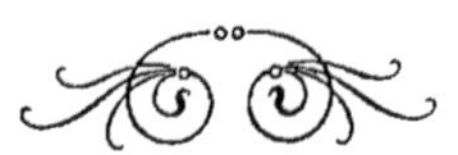

INDEX BIBLIOGRAPHIQUE

GOBERT : *Les Rues de Liége.*

— —

Actes administratifs du Département de l'Ourte (années 1803 et 1811).

———

Gazette de Liége (Journal Desoer), années 1803 et 1811.

———

THOMASSIN : *Mémoire statistique du Département de l'Ourte.*

———

DUBOIS : *Huy sous la République et l'Empire.*

TABLE DES MATIÈRES